십자가 너머

Beyond the cross

십자가 너머 Beyond the cross

지은이 | 벼리영

2025년 4월 15일 초판 인쇄
2025년 4월 21일 초판 발행
발행인 박 진 영
발행처 도서출판 진영사
인천광역시 부평구 주부토로 236 인천테크노밸리 U1
지식산업센터 B동 1507호
전화 : 032)505-4207
팩스 : 032)505-4206
E-mail : 0183734207@hanmail.net
등록 : 제2007-000001호

ISBN 978-89-6541-703-3 (03810)
값 17,000원

벼리영 디카시집

십자가 너머 *Beyond the cross*

도서출판 진영사

‖작가의 말‖

그림을 그리 듯 구도를 잡고 셔터를 누릅니다.

입체파를 흉내 내기도 하고 클림트의 화풍을 풍경 속에서 포착하기도 합니다.

사조思潮를 넘나드는 디카시와의 만남은 큰 설렘이었습니다.

오랜 전통에서 하이퍼미디어까지 시대를 초월하며 다가온 디카시가 가슴을 두드렸지요.

감동있는 그림처럼 섬세하게 다른 이의 가슴을 움직이는 작가가 되고 싶습니다.

2025년 2월 봄을 기다리며

‖ 목차 ‖

2부 언제까지나 널 먹이는 밥이고 싶다

3부 십자가 너머 -Beyond the cross

4부 다대포 선상의 아리아

1부

난 그대의 밥입니다

푸른 뱀의 해 벽두에서

잘 잘려나간 사족, 영롱한 시 한 편 건지고 싶어요
빳빳한 살모사 같은 문장은 과감히 버려야죠

저 소굴에서도 질곡의 시어들이 반짝반짝 빛났으면

사랑의 여명악

연분홍 꽃비가 가슴을 흔드는 날
애타게 그댈 불러보지만
고요만 채우는 강

온통 까맣게 멍들었습니다

응달

내 안에 저렇게 예쁜 꽃이 피어있다는 것을
모르고 살았네

응달에 산다고 생각했는데
어쩌면 진짜 나일지도 몰라

할머니 가라사대

우리 나이 돼 보렴
이쁘고 밉고가 없어
스펙도 소용없어

욕심부리지 마
평준화 시절 오니

부부학 개론

위를 바라보며 헛꿈만 키웠지
낮아질수록 참다운 생 배운다

앞서거니 뒤서거니
단단해진 날갯짓, 환한 동행

노란 리본

갈참나무에 걸어둔 마음을 훔쳐봐요
사랑한다는 증표였어요

우리 함께 가을처럼 물들어 가요

요양원

담벼락에 기대어 볕을 쬐고 있는 저 백발 노인들
그 누구도 그립다 말 못 하고

먼 하늘만 보고 또 보고

누설

감춘다고 감춰지는 것이 아니다
어느새 술술 세어 버린 비원의 안쪽

비밀의 말은 가볍고 꼬리가 길다

가족관계증명서

아버지는 노랗게
어머니는 점점 노랗게
아직 파릇파릇한 나,
그렇게 익어가는
닮은 꼴, 우리 가족

아지트

늘어뜨린 팔에 앉아
풍경을 읽곤 하지
그리울 때 찾는 나만의 관전 구역

못다 한 이야기 가만히 풀어놓는

모정

힘들게 잘 키웠더니 단단한 대들보 집에서
풍요로운 삶을 사는 자식

기울어진 쪽방에서 쓸쓸한 엄마가
이대로 죽어도 여한이 없다 하네

이별 소야곡

가슴에 불을 질러 놓고 넌 떠나버렸어

여울진 네 노래가 귓가에 쟁쟁한데 뻥 뚫린 가슴은 무엇으로 메꾸나

가는 것인지, 오는 것인지 모를

꽃뱀에게 물렸다고요?

그러니까 조심했어야죠

화려한 눈웃음에 넘어가다뇨

돈 잃고 사랑마저 잃었다고요?

미혹 때문에 아직 정신 못 차렸다고요?

내가 봐도 앙증맞긴 하네요

공존하다

네 속내를 파헤치는 건 식은 죽 먹기지

색깔이 같은 우린 영원한 공생 관계

너를 보면 눈물이 나

길이 아닌 길은 가지 말라 했는데

장벽을 디딤돌 삼아 꿈을 이루다니

파피루스*-클레오파트라

단발 레게 머리에 깃털 문양 옷 입고

아이라인 찐하게 한 그녀를 보고 있어요

*예전, 이집트에서 파피루스 풀 줄기의 섬유로 만든 종이

난 그대의 밥입니다

절벽에 매달린 프로메테우스처럼
간을 쪼아 먹으세요
한 점도 남기지 마세요

기쁨으로 보시할 거예요

만추에게

살아내느라 수고했어요

상처는 꼭 지워요

가슴에 달고 노을처럼 건너가요

2부

언제까지나 널 먹이는 밥이고 싶다

수의 한 벌

요단강 건너갈 때 입을 거라며 환하게
웃던 당신

당신 미소가 시월 산천에 흐드러졌습니다

헛꽃

네가 가짜였다니
겉모습에 속지 말자고 그렇게 다짐했는데

완벽한 성형발에 품에 안고 말았네

인생

힘차게 강을 거슬러 오르는 저 물고기 떼처럼

결국은 물이 되어 흐르고 말 것을

웃음의 까닭

호수에서 이사하던 날, 난 울고 엄만 웃고

수족관이 더 좋다는 엄마

천적 없지 배고프지 않지

무엇보다 아빠가 한 눈 팔지 않는다고

신구지가

새 시대가 열렸는데 불 난 듯 혼탁한 세상

거북아 거북아 불을 꺼주렴
그렇지 않으면
널 구워 먹을 거야

연극이 끝난 후

엑스트라에서 주연이 되기까지
거침없이 누볐던 무대

세상을 다 가진 듯했는데
뻥 뚫린 이 공허함은 무엇인가

위로합니다

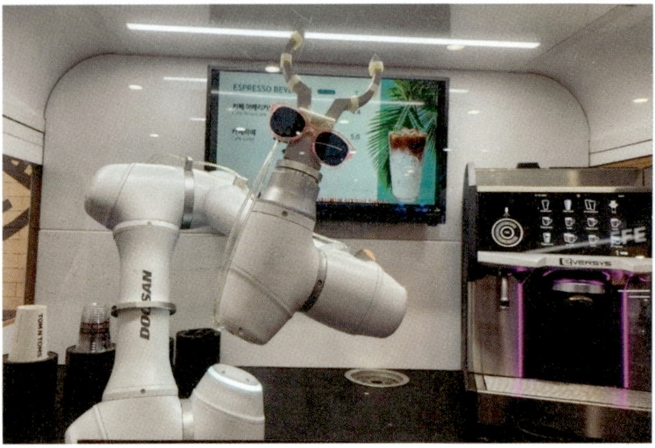

어서 오세요
바리스타 봇이에요

저 때문에 일자리를 잃었다고요?
사진만 찍고 가는 사람들 때문에
저도 곧 해고될지 몰라요

금언

이곳을 지날 때면 누구나 다 고개를 숙여요

조심하라는 팻말 하나쯤 가슴에 달고 산다면
인생이 겸허해질까요

우리 삶 낮출 수 있을까요

불통

여긴 내 구역이야
내가 대장이니 저리 가

홀로 남아 대장 하면 뭐 하나
따르는 이 없는데

언제까지나 널 먹이는 밥이고 싶다

자식 농사 잘 지어서 시리도록 푸르른데

늙고 병들어 버린 발

아직도 줄 것 없나 두리번거리지

CCTV

제자리에서 수십 년
사계절 낮과 밤의 풍상을 버티며 홀로 지켜보고 있는
그대
세상에 비밀은 없다

당신만 모를 뿐

노인 유치원

도로를 종횡했던 젊은 날을 회상하며

할 말이 많아 입을 못 다문다

마트료시카의 당부

사람이 국력이에요
키우기 힘들다고 딩크족 는다는데
키우고 나면 뿌듯한 걸요

많이 낳아 애국하자고요

사탄주의보

에덴동산이 21세기 동산이 되기까지
네 유혹은 끊이질 않았고
혀의 놀림은 무섭고도 달콤했다

누가 그의 혀를 자를 것인가

독거

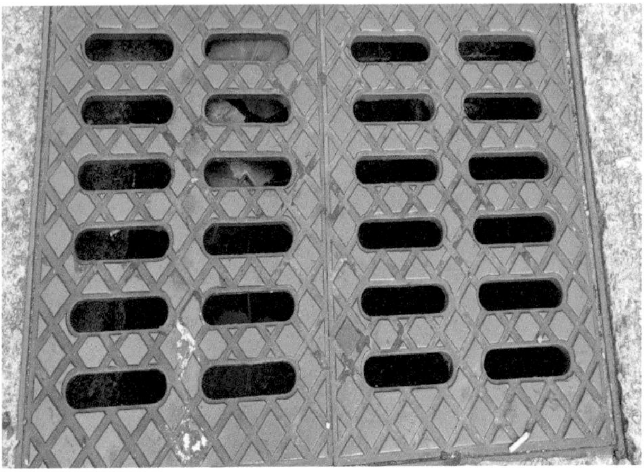

두려운 건 어둠이 아니라네

어둠보다 더 지독한 외로움이라네

아름다운 뮤지션`s

타이타닉호가 침몰할 때 마지막 순간까지 연주를 멈추지 않았던 악사들을 기억하며

모두가 낙하할 때 끝까지 남아 위로를 전하는 나무의 뮤지션들

권태기

우리가 나누었던 싱그러운 문장은 사라지고
병든 말만 키우고 있었네

3부

십자가 너머 -Beyond the cross

낮은음자리표

높은 곳까지 올랐다 서쪽 바닥으로 떨어지는 연습을
무수히 해 왔지

낮아져야 네가 보인다고 침 튀기는 일갈의 설법이 힘
차고도 명쾌하다

엄마의 밥상

만종의 경쾌한 소리에 날이 저물면
엄마가 차린 소박하고 풍성한 만찬

온기로 채워갈 내일의 신호에 배가 부른 아기코끼리

위험한 오수

동그랗게 말린 오후, 꿈을 꾸는 중이에요
낙법에 대하여

햇살이 그루밍을 멈출 때까지 풀지 않을 잠,
걱정 말아요

희망 쌓기

무너지지 않도록 뼈대를 잘 세워야 해요

모래알처럼 반짝반짝 빛나는 시간을
쌓고 쌓을 거예요

Never give up

초릿대 던져보지만
낚이는 건 허공뿐

대어 한 마리 입 벌리며 다가온다

데자뷔

포효하는 코끼리 같다고요?

사이프러스 나무예요

까마귀들이 고흐를 추모하고 있어요

무인도

아무도 없는 곳에서 단둘이 살고 싶었지

꿈을 이뤘는데
왜 이리도 한숨만 나오는 걸까

표절

아무리 따라 해 봐라, 딱따구리 되나

부리만 작살나고 말지

빈 집

팔딱였던 지난날을 뒤로하고
텅 빈
심벌 사라진 방
출가한 새끼들이 한 번도 오지 않는

흔적의 결과

열정이 쌓이고 쌓이면

보잘것없는 당신일지라도
어느 순간 작품이 되어 빛난다

울분하다

야매로 타투했다고 왕따 당했지

네 뺨에 삐뚤빼뚤 문신하면 좋겠니?

동상이몽

늘 붙어 지내지만 마음속 품은
생각이 다른 우리

알면서도 모른 척

구족화가

수많은 빗장을 열고 닫았던 나를 붓질한다

흘림체가 되어 버린
울음이 그린 자화상

아카펠라

너와 내가 한목소리를 낼 때
비로소 조용해지는 바다

거친 포세이돈의 귀를 열게 하는

쉼터

바다 한가운데라도 좋아
비바람으로 부러진 날개를 잠시 접을 수 있다면

어디로 날아가든 나는,
신의 손바닥 안에 있다는 것

십자가 너머 -Beyond the cross

뭇사람의 기도로 밝아진 눈입니다

당신을 보며 기원하는데 당신도 나를 보며 소망을 말합니까

땅과 하늘의 기도가 서로에게 닿기를

십자가 너머 -Beyond the cross 2

내 기도가 불길처럼 번져갈 때 번개처럼 스치는 말씀

백지처럼 비우고 다시 시작하라는 무언의 울림

당신이 쓴 희고 정갈한 언어

십자가 너머 -Beyond the cross 3

사랑과 소망을 품에 안고 새벽을 걷는 당신
자식 잘 되라고 모은 두 손

믿음 없인 알 수 없는 불투명한 에덴동산,
저 높은 곳을 향하여

4부

다대포 선상의 아리아

다대포 서곡

바다로 진입하기 전
생의 줄기에 찍은

온쉼표 하나

격랑의 바다
최고의 연주를 위한

다대포 선상의 아리아

이곳 바다는 수시로 악보가 된다

음표들이 걸으면 푸른 선율이 돋는다

삶이 충전된다

유등 -야화

어둠이 진을 치면 정신이 맑아지지

밤이 낳은 꽃나무,
붉게 타오르다 깨어나는 꿈나무

부릅뜨고 지켜줄게

환한 독백

거룩한 별들이 내려와 불을 지피고 있는 거야

거망빛 바다가 흥얼대는 닻소리에 그리움이 띄운
비구상 한 폭

침묵했던 네가 하고픈 말 잇고 있는 거야

직선의 외침

바닥을 차고 오르는 행간
서로 부딪히며 흐르다 저절로 높아진 문장
펜 보다 강한 외침은
나를 움직이는 외마디 동력, 당신

나팔꽃이 피었습니다

묵묵히 수행하는 허공이다 급하게 피어나는 꽃,
봉수대 연기처럼 번지는 소리
해일을 감지하며 어둠 속에서
피어오르는 저 피빛 선 자세

홀로서기

엄마 품 떠나니 세상이 정글 같았죠
두려움 떨쳐내려 날개에 힘 꽉 주고
'발아래 모래알일 뿐' 이라는 당신 말씀 붙들어요
절벽 타고 내려온 난,
웅비한 앨버트로스 후예

땅의 눈

소나기 지나간 뒤 큰 눈망울 하나 반짝거린다
자지러지는 여름 사이로 힐끗거리는
하늘이 맛보기로 띄운 가을 한 자락

희망 문자

악성 댓글 물리치고 전해온 네 문자

'어둠은 빛을 못 이긴대'

'힘내!'

엄마가 보여요

당신의 응원으로 한 획을 찍습니다

높이높이 날아보니 보이는,
엄마의 지나온 흔적, 고달픈 발자국

당신이 뿌려 놓은 푸른 기도

핼러윈 데이 Halloween day

용이 승천하다 떨어뜨린 거야
가시에 박힌 여의주
오늘을 성찰하려고 불빛 켜두었네

공허하게 날아드는 트릭 or 트릿

새떼

누가 저 광활한 밭을 일구고 있나
떠나 버린 네 노래가 이랑 사이로 퍼지면
흔들리는 도시 따라
흔들리며 떠도는 새

21세기 바벨탑 쌓기

누가누가 높이 쌓나
내기가 한창이지
순간, 창백한 외침

'오존층 뚫리겠다'

헛헛한 유언

동네만 다를 뿐 한바다 동족이지
왼 편 오른편 날 세우고 피 터지게 싸웠는데
죽음 앞에서 이념은 공허한 바람 같은 것

외세 침탈 잊지 말고 손 붙잡고 힘 기르렴

내리사랑만 했는데

한때, 뾰족한 솔잎이 되어 엄마 속을 찌르곤 했죠

아파요
안아주고 싶은데 속절없이 멀어져 가는 내가 낳은 나

땅의 부호

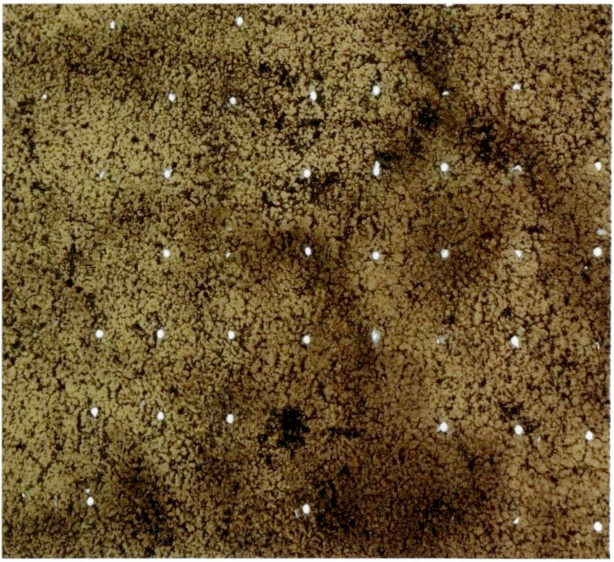

누가 아로새긴 점자일까
젖은 하늘에 사라진 별들이 땅으로 내려앉아
날개를 분실한 것인지도 모를,

하늘로 향하고 싶은 모스부호들

*비에 젖은 땅에 비친 연등

은총

바람 붓이 그린 권적운 아래
어둠의 숲속에서 내가 나를 음각하고 있는 그때,
거짓말처럼 내 불안정한 음정을 조율해 주듯
환하게 빛나는 하늘 숨구멍

"SNS 날개를 타고 빛보다 빠른 속도로 전달되는 디지털 별의 향연"

-벼리영 디카시집
『십자가 너머(Beyond the cross)』작품세계

정유지(경남정보대 디지털문예창작과 교수)

"디카시는 과학의 산물이다. 세 가지 변신을 통해 과학 3종 세트를 생성시킨다. 첫 번째, 디지털사진작가의 변신을 통해 영상 미학을 수놓는 자연과학이 관통하고, 두 번째, 스토리텔러(Storyteller)의 변신을 통해 5행 이하의 시적 문장을 완성하는 인문과학이 관통하고, 세 번째, 한 줄짜리 카피를 만들어내는 카피라이터(Copywriter)의 변신을 통해 제목이 눈에 확 띄게 클로즈업시키는 사회과학이 관통한다. 즉 세 번의 '발상의 전환'이 요구된다."

디카시는 변신의 대명사다. 디카시는 디지털 제목, 디지털 영상(사진), 디지털 글쓰기의 삼위일체로 연동되어야 한다. 한 몸으로 이루어진 멀티언어다.

1. 존재론적 자각을 통해 인간의 정체성을 회복하다.

"자식에게 부모는 우주다. 부모에게 자식은 신이다. 아무것도 못하는 무능한 신. 부모는 그런 자식을 극진히 섬긴다."

인용된 것은 영화 〈대가족〉에서 큰스님으로 출연한 이순재 배우의 대사다. 자식인 '나'는 무능하고 무능했고, '아버지'는 무능한 '나'라를 '신'을 최선을 다해 섬겼다. 온 우주가 사라진 후에야 스스로가 얼마나 무능했는지 오랜 시간에 걸쳐 깨달아 가고 있다. 우주를 잃게 되면 내가 자식들의 우주가 되어야 한다. 이러한 존재적 자각을 벼리영 시인의 디카시집 『십자가 너머(Beyond the cross)』를 통해 감상할 수 있다.

"그림을 그리듯 구도를 잡고 셔터를 누릅니다.
입체파를 흉내 내기도 하고 클림트의 화풍을 풍경 속에서 포착하기도 합니다.
사조(思潮)를 넘나드는 디카시와의 만남,
오랜 전통에서 하이퍼미디어까지
시대를 초월하며 다가온 디카시가 가슴을 두드립니다.
감동 있는 그림처럼 섬세하게 다른 이의 가슴을 두드리는 작가가 되고 싶습니다."

인용된 것은 〈작가의 말〉에 나오는 내용이다. 디카시인이 디카시를 창작하려면 간절함이 있어야 함을 엿보게 한다. 인간의 간절함은 시대의 위기를 주도하고, 언제나 가소성(可塑性)을 존재하게 했다. 간절함은 태양보다 뜨겁고, 달보다도 차가운 상상력을 탄생시킨다. 자신이 처한 환경이나 상황에 따라 극한 상황이나 파국의 위험도 따른다. 주기적 고비를 관통하는 절실함의 확장은 결국엔 노력의 결실과 열매를 얻는다. 폴 발레리는 1920년 발표한 시 「해변의 묘지」를 통해 삶이란 결국 바람으로 설정하고 있는 가운데, '바람이 분다. 살아야겠다'는 심연 위에서 태양을 발견한다. 영원한 원인을 갈구하는 구도자의 간절함을 설파하면서, '시간은 반짝이고 꿈은 지식'임을 역설한다. 폴 발레리의 절실함이 아름다운 시편을 생산하는 발원지가 되었다. 벼리영 시인에게 있어 절박함은 '십자가 너머의 세계'로부터 비롯된 감성의 시적 장치다. 그 시적 장치가 『십자가 너머(Beyond the cross)』를 견인하는 근원이 되었다. 벼리영 시인은 순간 포착의 셔터로 생성시킨 절절한 감성의 메타포를 통해 자신만이 그려낸 독특한 빛깔의 디카시를 생산하고 있다.

벼리영 시인은 화가지만 지금은 시인 소리를 더 많이 듣는다고 한다. 그 이유는 손의 통증 때문에 붓을 놓고 있기 때문이다. 하지만 난치병에 걸렸어도 희망을 놓지 않고 꾸준히 자기개발을 해온 불굴의 의지를 가진 작가이다. 《월간문학》 신인작품상을 통해 문단에 나왔고, 남강문학상 대상을 받으면서 본격적으로 시와 시조 쓰기를 병행했다. 이번 디카시집까지 일곱 권의 시집을 출간한 저력 있는 작가로 인식되어 있다. 현재 계간 《한국디카시》 편집주간,

〈글로벌디카시연구소〉 사무국장으로 왕성한 활동을 전개해 오고 있는 역량있는 작가이다.

벼리영 시인의 시적 세계는 크게 두 가지 경향을 보인다.

첫째, 여성 특유의 섬세한 이미지 조합 역량으로 빚어내는 선명하고 명징한 멀티언어의 안목을 견지하고 있다. 나무뿐 아니라 숲 전체를 관통하는 시안(詩眼)을 견지한 채, 인간의 정체성을 회복하는 휴머니티의 집 한 채를 만들고 있다. 아울러 벼리영 시인의 정신세계는 맑고 그윽하다. 노인 문제와 현실 인식에서 촉발된 시심을 바탕으로 정제된 시어와 존재적 자각으로 완성시킨 디카 언어들이 인생의 깊이로 어우러져 디지털 세상을 밝히고 있다.

둘째, 무한의 상상력으로 구축한 새로운 이미지의 디지털 우주 궤도에 그리움과 고독을 담고 있다. 어디 그뿐인가. 디지털 세상을 밝히는 디지털 북극성과 같은 방향성 또한 담보하고 있다. 낯선 디지털 세상을 밝히는 디지털 행성을 그리워하듯 진한 고독마저 물씬 묻어난다. 그 고독의 끝에 이르면 경계와 경계를 넘나드는 SNS의 바다에 다다른다. 그 순간 디지털 영혼의 전언이 부딪힌다. 디지털 영혼의 전언은 디지털 노매드(Digital nomad)의 시적 울림이다. 벼리영 시인이 구축한 이미지의 궤도 위로 영혼의 전언이 밀려든다.

벼리영 시인은 노인 문제에 대해 누구보다 깊은 사유의 세계를 구가한다. 「노인 유치원」을 통해 확인할 수 있다.

도로를 종횡했던 젊은 날을 회상하며
할 말이 많아 입을 못 다문다

-「노인 유치원」 전문

인용된 디카시는 젊은 시절의 삶과 경험을 회상하며, 그로 인해 생긴 생각들을 표현하고 있다. 시적 문장을 통해, 주로 노인이 된 시인의 시각에서 젊은 시절의 삶을 돌아보며, 그때의 꿈과 열정, 그리고 지금의 현실을 비교하고 반성하는 내용을 담고 있다. 첫 행에서 '도로를 종횡했던 젊은 날을 회상하며'의 시적 문장에서, 노인들의 젊었을 때 자유롭고 열정적인 삶을 떠올리는 있다. 즉, 젊은 시절에 삶을 자유롭게 누리며, 여러 곳을 떠돌고 경험을 쌓았던 순간들을 의미한다. 이는 지금의 '폐타이어=노인'이 된 자신과는 다른, 활력 넘치는 시절을 회상하는 메타포로 볼 수 있다. '할 말이 많아 입을 못 다문다'에서, 젊은 시절의 경험이 너무 많아서 말로 다 표현할 수 없다는 의미다. 젊은 시절의 경험들이 시인의 삶에 얼마나 많은 영향을 미쳤는지를 보여주고 있다. 동시에 그것들이 시간이 지나면서 점점 더 중요해지고, 그만큼 그때의 삶이 그리워진다는 감정을 그려낸다. 이 디카시는 폐타이어를 노인으로 비유할 수 있는 전생을 그려낸다. 아울러 젊은 그 시절에 느꼈던 감정과 꿈, 그리고 지금의 현실을 회상하는 형태로 전개되었다. 시인은 젊은 날의 자유로움과 그때의 희망찬 마음을 떠올리면서, 세월이 흐르고 나이가 든 현재 자신이 놓친 것들, 혹은 변한 것들을 아쉬워하는 마음도 담겨있다. 단순히 과거를 회상하는 것을 넘어서, 그때의 열정과 꿈을 여전히 간직하고 싶은 마음을 드러내며, 삶에 대한 성찰과 아쉬움을 동시에 표현하고 있다. 결국 「노인 유치원」은 시간을 지나며 변해가는 자신을 돌아보고, 그 안에서 여전히 살아있는 젊은 시절의 꿈과 열정을 놓지 않으려는 시인의 마음을 담고 있는 수작이다. 시인은 노인문제에 대해 항상 성찰을 거듭한다. 「요양원」에서 이를 확인할 수 있다.

담벼락에 기대어 볕을 쬐고 있는 저 백발 노인들
그 누구도 그립다 말 못 하고

먼 하늘만 보고 또 보고

-「요양원」 전문

인용된 디카시는 노년의 고독과 외로움을 주제로 한 작품이다. 늙어가는 과정에서 느끼는 무력감과 고독을 담담하고도 강렬하게 어필하고 있다. 디카시는 디지털 영상의 담벼락을 '요양원'으로 설정하고, 담벼락 앞에 있는 갈대들을 '노인'으로 바라보고 있다. 이 디카시는 노인들의 심리 상태와 그들이 겪고 있는 감정의 내면을 드러내고 있다. '담벼락에 기대어 볕을 쬐고 있는 저 백발노인들'에서 시인은 요양원에서 시간을 보내고 있는 노인들의 모습을 연상시킨다. 이들은 햇볕을 쬐며 시간을 보내지만, 그들의 모습에서 느껴지는 것은 단순한 평온함이 아니라, 삶의 끝자락에서 맞이하는 일상적인 무기력함과 고독이다. '백발'이라는 표현은 그들의 나이를 상징적으로 나타내며, 시간의 흐름과 결국 찾아오는 노화의 현실을 암시한다. '그 누구도 그립다 말 못 하고'라는 시적 문장에서, 노인들이 내면에서 느끼는 외로움과 아쉬움을 담고 있다. 노인들은 아마도 과거의 삶이나 떠나간 사람들을 그리워하고 있을 것이다. 그러나 그 누구도 '그립다'는 감정을 밖으로 표현하지 못하고, 서로의 고독을 공유할 수도 없는 상황에 놓여 있다는 점이 부각된다. 사람들이 노화와 고독 속에서 자신의 감정을 드러내지 못하고, 서로에게 다가가지 못하는 상황을 보여준다. '먼 하늘만 보고 또 보고'는 노인들이 하늘을 바라보며 시간을 보내는 모습을 그린 시적 언술이다. 하늘은 끝없이 넓고 먼, 변화하는 대상이지만 그들은 하늘을 바라보며 아무 말 없이 시간을 보내는 모습을 통해, 노인들이 가진 삶의 한계를 나타낸다. 그들의 시선은 이제 사람들에게 닿지 않고, 그저 멀고 먼 하늘을 응시하며 시간을 보내는 것이다. 노인들이 느끼는 고립감을 더욱 부각시키며, 이들이 현실과의 연결을 잃어버린 채 고독을 받아들이고 있다는 메시지를 전달하고 있다. 전체적으로, 「요양원」은 노년의 외로움, 고독, 그리고 삶의 끝자락에서 느끼는 무력감이 생성된다. 시인은 요양원의 공간을 통해 시간이 흐른 후의 사람들의 감정을 담백하게 드러내며 인간 존재의 연약함과 그로 인한 고독을 깊이 느끼게 만든다. 노인들의 고독이 상징적으로 담긴 이 디카시는, 시간이 지나면 누구나 겪을 수밖에 없는 노화와 죽음에 대한 진지한 성찰을 유도한다. 시인은 가족의 의미를 재탄생시킨다. 「가족관계증명서」에서 이를 확인할 수 있다.

아버지는 노랗게
어머니는 점점 노랗게
아직 파릇파릇한 나,
그렇게 익어가는
닮은 꼴, 우리 가족

-「가족관계증명서」 전문

세 개가 나란히 이어진 연잎의 영상기호를 보고, 하나의 가족관계증명서로 바라본 시각이 참으로 놀랍다. 가족 간의 유사성과 세월의 흐름을 중심으로, 가족 구성원들의 관계를 성찰하는 디카시이다. 이 작품은 간결한 언어로 가족의 내밀한 변화를 담아내며, '닮은 꼴'이라는 표현을 통해 세대 간의 유사성, 그리고 시간에 따른 변화를 드러낸다. '아버지는 노랗게 / 어머니는 점점 노랗게'의 시적 문장에서, 시인은 아버지와 어머니의 노화 과정을 묘사한다. '노랗게'라는 표현은 아버지와 어머니가 나이가 들어가면서 겪는 자연스러운 변화를 상징적으로 나타낸다. 이 변화는 자연스러운 노화의 과정이지만, 그 안에는 어쩔 수 없는 삶의 무상함이 느껴진다. '아직 파릇파릇한 나'에서, 시인은 '파릇파릇한 나'라는 표현을 통해, 자신이 아직 젊고 생기 넘치는 상태임을 강조한다. 영상기호에서도 파릇파릇한 이미지가 이를 뒷받침해 준다. '파릇파릇'은 신선하고 생명력 넘치는 이미지를 상징하며, 이것은 자신이 아버지와 어머니와는 다른 세대에 속해 있음을 나타낸다. 아버지와 어머니가 '노랗게' 변해가는 동안, 자신은 아직 젊음과 생동감을 지닌 존재로, 그들보다 시간이 뒤에 있다는 사실을 은근히 드러낸다. '그렇게 익어가는 / 닮은 꼴, 우리 가족'에서, 마지막 부분은 '익어간다'는 시적 언술을 통해, 시간에 따라 점차 변화하는 가족 구성원들의 모습을 그려낸다. '익어간다'는 것은 물리적, 감정적 변화 모두를 포함하는 표현으로, 사람들은 나이를 먹으며 점차 '익어간다'고 볼 수 있다. 이때 가족 구성원들이 서로 닮아간다는 점에 주목할 수 있다. 시간이 흐르며 부모의 모습이 자식에게서 보이고, 자식은 부모의 모습을 조금씩 닮아간다는 점에서, '닮은 꼴'은 생물학적 유사성뿐만 아니라 감정적 유대와 세월의 흐름을 뜻한다. 이 디카시는 가족이라는 울타리 안에서 일어나는 세대 간의 변화를 그린 작품이다. 아버지와 어머니의 노화 과정, 그리고 그들로부터 물려받은 자식의 생명력 넘치는 모습이 시간 속에서 자연스럽게 맞물려 있다. 시인은 '닮은 꼴'이라는 주제로, 시간이 지나면서 가족 구성원들이 서로 닮아간다는 사실을 나타내며, 이는 단순한 외적 유사성뿐만 아니라, 가족 간의 인연과 세대 간의 흐름을 성찰하는 지점을 제공한다. 시인은 고독에 대한 의미를 숙고한다. 「독거」를 통해 확인할 수 있다.

두려운 건 어둠이 아니라네

어둠보다 더 지독한 외로움이라네

-「독거」 전문

「독거」는 외로움과 고독에 대한 심오한 성찰을 담고 있는 디카시이다. 배수구 입구에서 자라는 식물을 디지털 영상으로 순간 포착하고, 이를 '독'거라는 한 줄짜리 카피로

유통시키고 있다. 이 작품은 단순히 어두운 환경을 묘사하는 데 그치지 않고, 그 어둠을 넘어서는 인간 내면의 고독을 강조한다. 특히, '두려운 건 어둡이 아니라네, 어둠보다 더 지독한 외로움이라네'라는 시적 문장은 어두운 환경 속에서도 더 큰 공포는 외로움이라는 사실을 상기시켜 준다. 이 작품은 인간 존재의 본질에 대해 묻고 있다. 어둠은 단순히 외적 환경을 의미할 뿐, 진정한 고통은 그 어둠 속에서 느끼는 외로움과 고립감에서 비롯된다는 메시지를 전달한다. 사람들은 때로 외로움이 신체적 고통보다 더 심각한 영향을 미친다고 느끼기도 합니다. 그러한 고독은 마음 속에서 서서히 쌓여가며, 결국 그 어떤 어둠보다 더 깊고 절망적인 상태에 이르게 된다. 시인은 이와 같은 감정을 사실적으로 묘사하면서, 독자에게 공감과 성찰을 이끌어낸다. 외로움이라는 감정은 시대적, 사회적 맥락에서도 중요한 의미를 지니는데, 현대 사회에서 개인주의와 빠르게 변하는 환경 속에서 사람들은 종종 소외감을 느끼고, 이는 고독으로 이어지곤 한다. 「독거」는 이러한 사회적 현실에 대한 깊은 통찰을 보여주며, 고독과 외로움에 대한 예민한 감수성을 자극한다. 결국 이 작품은 고독을 넘어서 자신과의 진지한 대화를 촉구하고, 더 나아가 타인과의 소통이 얼마나 중요한지를 다시금 일깨워준다. 시인은 고독을 넘어서, 둘만이 존재하는 「무인도」를 향한다.

아무도 없는 곳에서 단둘이 살고 싶었지

꿈을 이뤘는데
왜 이리도 한숨만 나오는 걸까

-「무인도」 전문

「무인도」는 물 위 바위에 앉아 있는 두 마리 새를 디지털 영상으로 순간 포착하여, 이를 '무인도'로 연동시켜 진술하고 있다. 인간은 소우주에 비유할 수 있다. 공허함이 내재된 소우주이다. 군중 속에서도 고독을 느낄 수 있는 존재가 인간이다. 인간의 내면 깊숙한 곳에서 느끼는 외로움과 자아 탐색에 관한 디카시이다. 인용된 작품은 현대인의 고독과 그로 인한 갈등을 진지하게 탐구하고 있다. '아무도 없는 곳에서 단둘이 살고 싶었지'라는 첫 문장은, 외부 세계의 압박이나 복잡함을 피하고자 하는 욕망을 드러낸다. 우리는 종종 세상의 소음과 기대에서 벗어나고 싶어하며, 그리하여 '무인도'같은 고립된 공간에서의 평화를 상상하기도 한다. 하지만 '꿈을 이뤘는데 왜 이리도 한숨만 나오는 걸까'라는 시적 문장은 그러한 고립이 결코 이상적이지 않음을 깨닫게 한다. 시적 화자는 꿈을 이룬 것처럼 보이지만, 그 꿈이 주었던 기대와는 달리 그 안에서 느끼는 공허함과 불안감이 커지기만 함을 피력한다. 이는 우리가 때때로 소망하는 자유와 고독이 실제로는 심리적 부담이나 불안으로 바뀔 수 있다는 중요한 메시지를 전한다. 이 작품은 물리적인 고립이 아닌, 정신적 고립의 문제를 다루고 있다. 독자에게 우리가 진정으로 추구해야 할 것은 단순한 외적 고독이 아니라, 자신과의 깊은 소통과 평화라는 것을 일깨운다. 고독 속에서 얻은 자유가 결국 자기 자신과 마주할 수 있는 기회를 제공하지만, 그로 인해 발생하는 내면의 혼란과 갈등도 피할 수 없다는 점을 그려낸다. 작품은 끝내 고독을 완전히 긍정적인 것으로 그려내지 않고, 그 속에서 마주하는 현실의 씁쓸함과 괴로움을 정직하게 진술한다. 외로움과 고독, 그리고 그것을 향한 욕망이 결국은 우리가 스스로 직면해야 할 감정임을 보여주며, 우리의 내면과 삶을 다시 한 번 돌아보게 만든다.

2. 진정한 인생은 즐길 수 있는 삶을 주도할 때, 그 의미가 배가된다.

삶은 때로 거친 파도처럼 우리를 몰아치고, 예상치 못한 어둠 속에서 길을 잃게 한다. 그러나 그 고통과 갈등 속에서도 우리는 멈추지 않고, 다시 일어설 수 있는 힘을 찾기 위해 끊임없이 싸워야 한다. 시인은 삶의 여정에서 마련한 「쉼터」에서 말하는 잠시의 쉼과 「십자가」 너머의 새로운 시작은, 우리가 마주한 시련 속에서 희망을 찾고 다시 일어설 수 있는 원동력을 제공한다.

고통의 순간, 시인은 '어둠은 빛을 못 이긴대'라는 한 마디에 위로를 얻는다. 그 어떤 악성 댓글과 외로움도 우리가 가진 희망의 힘을 이길 수 없다. 「희망 문자」처럼, 짧고 간결한 응원의 말 하나가 가슴 깊은 곳에 울림을 주고, 「너를 보면 눈물이 나」처럼 끈질긴 생명력을 통해 결국 살아나는 그 존재들을 위하여 따뜻한 눈물도 쏟는다.

그리고 그 모든 여정의 끝자락에서, 「다대포 서곡」처럼 우리는 인생의 격랑 속에서 한 걸음씩, 고요히, 그러나 강력하게 연주를 이어간다. 각자의 인생은 그 자체로 하나의 서곡이 되어, 우리가 겪은 시련과 아픔이 결국은 가장 아름다운 연주로 이어짐을 알려준다.

시인은 그 모든 과정, 그 모든 순간을 디카시로 여정의 새로운 페이지를 엮고 있다. 쉼과 고난, 그 속에서 찾은 희망과 위로, 그리고 우리가 나아갈 길을 향한 끊임없는 노력의 기록이다. 이 모든 스토리텔러의 시적 진술이 작은 쉼터와 같은 위로가 되고 그 속에서 빛을 발견하고 다시 일어설 용기를 꽃피운다. 시인은 온쉼표의 중요성을 역설한다. 「쉼터」를 통해 확인할 수 있다.

바다 한가운데라도 좋아
비바람으로 부러진 날개를 잠시 접을 수 있다면

어디로 날아가든 나는,
신의 손바닥 안에 있다는 것

-「쉼터」 전문

시인은 포항시 호미곶 해맞이 광장에 위치한 '상생의 손' 기념물을 순간 포착하고 있는 가운데, '상생의 손'이 새들의 안식처이자 「쉼터」임을 부각하고 있다. 「쉼터」는 인간 존재의 한계와 삶에서 느끼는 갈망, 그리고 안식을 찾고자 하는 욕망을 깊이 있게 탐구하는 디카시다. '바다 한가운데라도 좋아 / 비바람으로 부러진 날개를 잠시 접을 수 있다면'이라는 시적 문장은, 고통과 시련 속에서 잠시라도 쉬고 싶어 하는 절절한 울림이다. 이는 마치 인생의 험난한 여정에서 잠시나마 그 고통을 내려놓고, 안전한 공간에서 회복하고 싶은 절실한 소망을 드러낸다. '어디로 날아가든 나는, / 신의 손바닥 안에 있다는 것'은 이 작품에서 중요한 테마인 '안전'과 '위안'을 강조하고 있다. 시적 화자는 물리적, 정신적 고통 속에서도 결국 신의 손길 아래 있다는 믿음을 통해 위로를 찾고 있다. 이는 삶에서 힘든 순간에 우리가 지닌 존재의 의미와, 그 존재가 보호받고 있다는 느낌을 통해 안식과 안정감을 찾으려는 시도를 보여준다. 이 작품은 인간이 처한 어려움과 고난 속에서 찾는 쉼터, 즉 내면적인 평화와 회복을 묘사하고 있다. 고통이 너무 크고 깊어 보일 때, 우리는 일시적인 안식처를 갈망하게 된다. 그리고 그 안식처는 외부의 환경이 아니라, 자기 자신과의 연결, 혹은 신의 뜻과 연대 속에서 느낄 수 있는 감정으로 표현된다. 「쉼터」는 결국 인간 존재의 한계와 갈망을 인정하면서도, 그럼에도 불구하고 희망과 안식을 찾으려는 여정을 다룬다. 고통 속에서 우리가 신뢰할 수 있는 것은 외부의 조건이 아니라, 내면의 평화와 자신을 지탱하는 믿음임을 깨닫게 한다. 이 작품은 쉼터가 단순히 물리적 장소가 아니라, 마음과 영혼의 안식을 의미한다는 메시지를 전달한다. 시인은 깨달음의 언어를 축적한다. 「십자가 너머(Beyond the cross) 2」에서 이를 확인할 수 있다.

내 기도가 불길처럼 번져갈 때 번개처럼 스치는 말씀
백지처럼 비우고 다시 시작하라는 무언의 울림
당신이 쓴 희고 정갈한 언어

-「십자가 너머(beyond the cross) 2」 전문

시인은 구름 낀 날, '십자가'를 순간 포착하여 이를 정갈한 언어로 승화시키고 있다. 「십자가 너머(beyond the cross) 2」는 영적 성장과 내면의 치유, 그리고 새로운 시작에 관한 깊은 통찰을 담고 있다. '내 기도가 불길처럼 번져갈 때 / 번개처럼 스치는 말씀'이라는 시적 문장에서 기도와 신의 말씀 사이의 강렬한 교감을 표현한다. 기도가 불길처럼 번져가는 이미지와 번개처럼 스치는 말씀이 상징하는 것은, 신의 뜻이나 영적인 메시지가 강력하고 순식간에 마음에 다가오는 순간을 묘사한 것으로, 신의 존재와 의도가 얼마나 깊고 즉각적인 영향을 미칠 수 있는지를 나타낸다. '백지처럼 비우고 다시 시작하라는 무언의 울림'

은 이 작품이 전하는 중요한 메시지 중 하나로, 인간이 삶의 복잡함과 얽힌 감정들에서 벗어나 새로운 출발을 할 필요성을 강조한다. 백지에 비유된 마음은, 모든 것을 내려놓고 비워낸 상태에서 진정한 깨달음과 새로운 시작을 위한 준비가 되어야 함을 의미한다. 이는 영적인 성찰과 자기 혁신의 과정을 상징하며, 우리가 과거의 상처나 억눌린 감정들로부터 자유로워지기를 바라는 마음을 드러낸다. '당신이 쓴 희고 정갈한 언어'는 신의 언어가 얼마나 순수하고 고요하며, 그 자체로 깨끗한 치유의 힘을 지닌다는 점을 강조한다. 이 '희고 정갈한 언어'는 신의 뜻이 인간의 마음에 다가오는 방식으로, 혼잡하고 어지러운 세상 속에서 진리를 찾으려는 이들에게 중요한 역할을 한다. 그것은 혼란을 넘어, 명료하고 깊은 이해와 깨달음을 안겨주는 언어다. 「십자가 너머(beyond the cross) 2」는 결국 인간의 내면에서 신과의 만남, 영적 성찰, 그리고 재탄생을 다룬 작품이다. 신의 말씀은 단순히 종교적 규범을 넘어서, 우리 각자의 삶 속에서 중요한 교훈을 주며, 그것을 받아들이고 실천하는 과정에서 진정한 변화와 성장으로 이어진다는 메시지를 전하고 있다. 이 작품은 독자에게 자신의 삶을 돌아보고, 신과의 깊은 소통을 통해 새로운 시작을 할 수 있는 용기와 희망을 불어넣어 준다. 시인은 긍정의 마인드를 유지한다. 「희망 문자」에서 확인할 수 있다.

악성 댓글 물리치고 전해온 네 문자

'어둠은 빛을 못 이긴대'

'힘내!'

-「희망 문자」 전문

시인은 도심의 구름 속에 비친 '서광'을 영상기호로 순간 포착하면서, 이를 「희망 문자」로 인식하고 있다. 「희망 문자」는 현대 사회에서의 고통과 고립 속에서 희망을 찾는 과정을 그린 디카시로, 간결하면서도 깊은 감동을 전해준다. 이 작품은 인터넷과 소셜 미디어가 우리의 일상에 깊숙이 자리 잡은 현대 사회에서 악성 댓글이나 비판으로 인한 상처를 물리치고, 그 속에서도 희망과 위로를 찾을 수 있음을 보여준다. '악성 댓글 물리치고 전해온 네 문자'라는 시작은 우리가 흔히 겪을 수 있는 온라인상의 부정적인 경험을 뜻한다. 악성 댓글은 사람을 상처 입히고, 때로는 그 상처가 너무 커서 사람을 무기력하게 만들 수 있다. 그러나 그 상황 속에서도 '전해온 네 문자'는 희망의 메시지로, 악성 댓글에 맞서 싸우며 그 안에서 소통과 위로를 찾으려는 의지를 나타낸다. '어둠은 빛을 못 이긴대'라는 시적 문장은 이 작품의 핵심적인 메시지로, 어둠과 고난은 일시적인 것이며 결국에는 빛, 즉 희망과 긍정적인 에너지가 승리한다는 믿음을 전하고 있다. 이 시적 문장은 단순한 위로가 아닌, 내면 깊숙이 새겨지는 진리처럼 다가온다. 고통과 어둠 속에서도 우리는 계속해서 빛을 찾고, 그 빛은 결국 어둠을 이겨낼 수 있다는 강력한 신념을 전달한다. '힘내!'라는 문장은 짧지만 진심 어린 응원의 말이다. 비타민 같은 응원의 말은 긴 설명 없이도 큰 위로와 힘을 줄 수 있다. '힘내!'는 우리가 고난 속에서도 포기하지 않도록, 서로를 지지하고 응원하는 메시지를 간결하게 담고 있다. 「희망 문자」는 촌철살인의 메시지다. 그 속에 담긴 메시지는 깊고 강력하다. 고통 속에서 희망을 잃지 않고, 작은 응원의 말이 얼마나 큰 힘이 될 수 있는지 깨닫게 해주는 디카시다. 이 작품은 우리가 일상에서 마주하는 어두운 순간 속에서도 희망을 찾고, 서로에게 힘이 되어 주는 일이 얼마나 중요한지를 다시 한 번 상기시켜준다. 시인은 한마디로 감성의 여왕이다. 「너를 보면 눈물이 나」에서 이를 확인할 수 있다.

길이 아닌 길은 가지 말라 했는데

장벽을 디딤돌 삼아 꿈을 이루다니

-「너를 보면 눈물이 나」 전문

시인은 돌담 사이로 생명의 보랏빛 꽃을 피워 올린 이미지를 순간 포착하며, 「너를 보면 눈물이 나」와 같은 심경을 왈칵 쏟아내고 있다. 「너를 보면 눈물이 나」는 인간의 고난과 시련을 딛고 꿈을 향해 나아가는 여정을 그린 디카시로, 희망과 용기, 그리고 불굴의 의지를 표출하고 있다. '길이 아닌 길은 가지 말라 했는데 / 장벽을 디딤돌 삼아 꿈을 이루다니'라는 시적 문장은 인생에서 겪는 어려움과 고난을 새로운 기회로 변환시키는 메시지를 담고 있다. '길이 아닌 길은 가지 말라 했는데'라는 부분은, 전통적인 길이나 사회적 규범을 따르라는 충고를 상기시킨다. 이는 일상 속에서 많은 사람들이 겪는 딜레마를 보여주며, 안전하고 예측 가능한 길을 선택하는 것이 일반적인 선택

이지만, 그 길이 항상 최선은 아닐 수도 있다는 점을 암시한다. 그러나 이어지는 '장벽을 디딤돌 삼아 꿈을 이루다니'라는 구절은 그 모든 어려움과 장애물을 오히려 자신의 꿈을 향해 나아가는 발판으로 삼겠다는 강력한 의지를 표현한다. 장벽은 단순히 막고자 하는 장애물이 아니라, 그것을 넘어서거나 활용하는 방법을 찾을 때, 오히려 그 자체가 꿈을 이룰 수 있는 기회를 제공한다는 의미다. 이는 어려움 속에서도 좌절하지 않고, 오히려 그것을 기회로 바꿔 나가자는 의도도 숨겨져 있다. 이 작품은 인생에서 마주하는 여러 가지 고난과 어려움에 대한 도전적인 태도를 제시하며, 꿈을 향한 여정이 순탄치만은 않다는 사실을 직시한다. 그렇지만 그 어려움 속에서도 결국 자신의 길을 찾아 나가는 용기와 의지를 강조한다. 이는 단순히 감동적인 이야기나 교훈을 넘어, 사람들에게 실제로 삶의 위기와 어려움을 극복할 수 있는 힘을 불어넣어 주는 메시지를 전한다. 「너를 보면 눈물이 나」는, 꿈을 향한 여정에서 맞닥뜨리는 장애물들을 부정적인 요소로만 보지 않고, 그것을 이겨내면서 성장하고 발전하는 과정을 아름답게 그려내고 있다. 시인은 쉼의 가치도 삶의 중심에 둔다. 「다대포 서곡」에서 확인할 수 있다.

바다로 진입하기 전
생의 줄기에 찍은
온쉼표 하나

격랑의 바다
최고의 연주를 위한

-「다대포 서곡」 전문

시인은 부산의 다대포 해수욕장에서 방문객이 스마트폰에 내장된 디지털카메라로 찍는 순간을 포착하고 있는 가운데, 이를 '다대포를 위한 서곡'으로 인식하고 있다. 「다대포 서곡」은 인생의 시작과 끝, 그리고 그 사이의 격동적인 여정을 음악적이고 심오하게 묘사하는 디카시다. '바다로 진입하기 전 / 생의 줄기에 찍은 / 온쉼표 하나'라는 시적 문장에서, '바다'는 삶의 대변혁과 변화의 상징으로 볼 수 있다. 바다로 나아가기 전, 즉 중요한 전환점을 맞이하기 전에 '온쉼표 하나'가 존재하는데, 이는 인생의 어느 순간, 휴식과 성찰의 필요성을 나타낸다. 쉼표는 잠시 멈추어 돌아보고, 앞으로 나아갈 길을 준비하는 중요한 역할을 한다. 이 쉼표는 삶의 속도와 복잡함 속에서 잠시 멈추어 숨을 고르고, 깊은 내면의 목소리를 들을 수 있는 공간을 의미한다. 그다음에 이어지는 '격랑의 바다'는 인생이 마주하는 고난과 시련을 상징한다. 바다는 고요할 때도 있지만, 때로는 격렬하고 거친 파도 속에서 방향을 잃기도 하고, 무력감을 느끼기도 한다. 그러나 이 격랑 속에서 진정한 의미를 찾고, 그것을 통과하는 과정이 인생에서 중요한 성장의 순간임을 암시한다. '최고의 연주를 위한'이라는 시적 문장은, 격랑을 헤치고 나아가면서 결국 우리가 마주하는 목표는 고요하고 아름다운 '연주'처럼 완성되는 삶을 뜻한다. 모든 어려움과 시련은 그 자체로 연주를 위한 중요한 악보가 되어, 결국 우리의 삶이 하나의 아름다운 하모니를 이루는 과정을 상징한다. 이에 삶의 고난을 극복하며, 마침내 그 고난이 우리에게 최고의 결과를 가져다준다는 희망적인 메시지를 전달한다. 「다대포 서곡」은 인생을 음악적인 관점에서 풀어내며, 각자가 겪는 격랑 속에서 자신만의 서곡을 완성해 나가는 과정을 풀어낸다. 이 작품은 삶의 여정에서 중요한 '쉼표'를 인식하고, 그 쉼표 후의 '격랑'과 그로부터 비롯된 '연주'가 결국 최고의 완성으로 이끄는 서곡임을 인식하고 있다.

디카시는 이제 단순한 디지털 문학을 넘어, 국경을 초월하여 빠르게 확산시키는 멀티언어다. SNS라는 날개를 타고, 빛보다 빠른 속도로 전 세계를 넘나드는 디카시는 마치 디지털 별처럼 우리의 문화와 감정을 전달한다. 디카시는 신대륙이다. 디카시 콜럼버스가 필요하다. 벼리영 시인은 계간 『한국 디카시』 주간으로서, 디카시 세계화를 실천하는 디카시 콜럼버스다. 대한민국이 디카시의 종주국이다. 이에, 디카시인은 한국 한글문화 콘텐츠를 세계에 알리는 책무 또한 가지고 있다. 디카시는 디지털 영상과 디지털 글쓰기, 디지털 제목을 연동시켜, 한국을 넘어 세계를 향한 K-디카시 열풍이란 큰 물결을 만들고 있다는 점이 주목할 만한 일이다.

벼리영 시인의 디카시집 『십자가 너머(Beyond the cross)』는 디지털 세상에서 방황하는 영혼들을 치유하는 멀티종합 언어로 비유할 수 있다. 우리 시대 디지털 선물임을 알 수 있다.